DE

L'AUTORITÉ

EN

POLITIQUE,

Par le Docteur BARBASTE.

PRIX : 75 Centimes.

NIMES,

TYP. C. DURAND-BELLE, PLACE DU CHATEAU.

1850.

DE

L'AUTORITÉ EN POLITIQUE.

DE
L'AUTORITÉ
EN
POLITIQUE,

Par M. BARBASTE,

(de Montpellier).

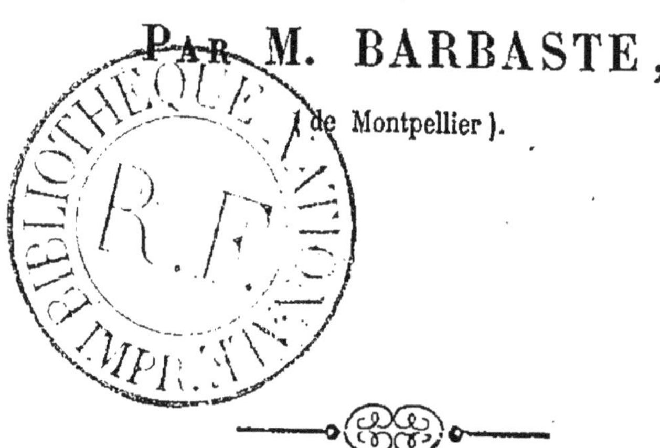

NIMES ,

TYP. C. DURAND-BELLE, PLACE DU CHATEAU.

1849.

1850

INTRODUCTION.

Depuis que la Révolution de février 1848 a éclaté, nous avons été assaillis par les publications politiques. Et, chose remarquable ! ce sont presque exclusivement les apôtres de l'esprit révolutionnaire qui ont alimenté la presse pendant ce temps d'orage. Les écrivains légitimistes se sont effacés ; ils ont laissé le champ libre à MM. Thiers, Guizot, de Barante, Lamartine, Louis Blanc, de Girardin, qui peuvent ainsi s'emparer impunément de l'opinion et la diriger.

Au milieu de cet indifférentisme où croupit le parti légitimiste, il ne paraîtra

pas étrange qu'il vienne à l'esprit , même
des plus humbles , de tenter quelques efforts et de balbutier quelques mots en
faveur des principes éternels de toute société. Quand les chefs sommeillent , les
sentinelles ne doivent-elles pas redoubler
de vigilance ?......

L'AUTORITÉ EN POLITIQUE.

MONSIEUR LE RÉDACTEUR,

Tous les légitimistes qui veulent le bien et qui le veulent par les améliorations qu'il convient d'introduire dans nos institutions ; tous les légitimistes, en un mot , qui ne sont pas ennemis du progrès , ont applaudi à la fondation de votre journal. Depuis longtemps les électeurs de l'Hérault , attachés au grand parti du droit national , avaient senti le besoin d'un organe périodique pour exprimer , propager et défendre leur opinion. Puisque le Gard a pris l'initiative et que le Gard et l'Hérault ne doivent désormais faire qu'*un*, permettez-moi, Monsieur , de vous offrir mon concours , de vous apporter mon faible contingent d'efforts. Notre foi politique commune ne peut que se raviver et se fortifier dans cette association, dans cette combinaison de travaux.

Je traiterai successivement et succinctement plusieurs questions politico-morales. Le mal de notre époque étant des plus profonds , il importe , autant que possible , de remonter à sa véritable source et de l'y détruire. J'ai choisi la forme épistolaire , parce qu'elle me paraît la plus simple , la moins ambitieuse , celle qui laisse le plus de liberté dans les allures du style et de la pensée , celle, enfin , qui me laisse le plus de latitude pour modifier mes idées , si bon vous semble.

De l'autorité en matière politique, voilà quel sera le thème de ce premier entretien.

Parmi les faits moraux innombrables qui se sont développés à travers la marche des nations , il en est deux qui surmontent tous les autres et qui les résument ; je veux parler du *principe d'autorité* et du *principe de liberté* , véritables boussoles , l'un et l'autre , de l'esprit humain. Tant que ces deux principes ont été sagement associés , il en est résulté la paix et le bonheur du monde. Dès que l'un des deux a voulu empiéter sur l'autre, des guerres , des crimes sans fin en ont été la conséquence. La civilisation répond toujours à l'alliance des deux principes ; la barbarie, l'esclavage, le despotisme ou l'anarchie résultent constamment de l'antagonisme , de la prédominance outrée de l'un sur l'autre.

Que l'on ouvre l'histoire , et l'on trouvera à chaque page la preuve de cette vérité.

Dans les premiers âges de chaque société , les hommes sont facilement avertis de leur faiblesse ; ils reconnaissent alors des puissances supérieures et s'inclinent volontiers devant la divinité. Cette disposition les conduit à admettre *l'autorité divine* , laquelle répond aux gouvernements théocratiques. Ce sont les temps poétiques , religieux des nations. Elles en sortent pour entrer dans les temps héroïques.

Cette seconde période de la vie des nations est marquée par de grands exploits , de grandes entreprises , des conquêtes miraculeuses, etc. Les temps fabuleux de l'antiquité et les temps chevaleresques de la société européenne correspondent à cette période remplie de merveilles et d'enchantements. Comme c'est la force qui décide de tout dans ces temps-là , on les a appelés temps héroïques. Hercule , Thésée , Achille , chez les anciens ; Roland , Bayard , Duguesclin , chez les modernes , ont donc établi *l'autorité héroïque.*

Vient enfin le tour de *l'autorité humaine.* Quand les nations sont parvenues à leur âge de maturité , quand elles ont été suffisamment travaillées par les lettres , les sciences , les arts et la religion , la raison commence à se faire jour ; peu à peu , elle tend à s'affranchir. Le sentiment de liberté se développe en même temps dans tous les cœurs , et les plus sages d'entre les hommes sont irrésistiblement poussés à tracer *les limites des pouvoirs.* Ce sont là les temps de la civilisation ; chez tous les peuples , ces temps coïncident toujours avec les gouvernements mixtes , tempérés. Ces temps indiquent la fin de l'esclavage , du servage , la cessation du despotisme militaire ; ils sont les avant-coureurs du règne de la loi , de l'avènement de l'homme dans la société et dans les affaires publiques. On pourrait les appeler *temps de la législation,* aussi bien que *temps de l'autorité humaine.*

Les trois ordres d'autorités que je viens de déterminer ne sont point chimériques. Ils sont pris dans la connaissance de l'homme et dans l'histoire des diverses sociétés ; ils sont fondés sur la nature même des choses : ils sont donc incontestables. Vico a reconnu trois espèces de natures : la nature poétique ou créatrice , la nature héroïque et la nature humaine intelligente ou raisonnable. Cet historien philosophe , aussi profond que savant , a dérivé de là trois espèces de mœurs , trois espèces de droits naturels , trois espèces de gouvernements , trois espèces de langages, trois espèces de caractères ou signes , trois espèces d'autorités.

Mais les âges de civilisation des peuples résument tous les genres de progrès qui se sont réalisés depuis leur origine ; ils doivent contenir , par conséquent , tous les éléments de prospérité et de grandeur nationale. En exclure un seul serait ouvrir une plaie incurable par où s'échapperaient les forces vives du gouvernement. Il en est des nations civilisées comme des fruits parvenus à maturité. Ces derniers ont pu profiter de l'heureuse influence de chaque saison ; celles-là aussi doivent utiliser tous les ressorts qui ont jusque là fait marcher la machine sociale.

Sans se poser en apologiste des trois ordres d'autorités sus-indiquées, il s'ensuit néanmoins que , pour qu'une société soit stable et permanente , il faut que toutes les forces dont elle est animée concourent ensemble et s'appuient réciproquement les unes sur les autres, dans l'intérêt commun. L'action isolée de l'une de ces forces ne peut durer longtemps ; elle aboutit à l'impuissance , si même elle ne provoque la réaction des deux autres. Une incurs'on dans l'histoire contribuera à élucider toutes ces questions.

II.

Dès que les sociétés se sentent assez de force pour secouer le joug de l'autorité divine et de l'autorité héroïque, l'on voit poindre à l'horizon la raison humaine qui ronge toujours son frein et qui tend à se débarrasser de ses langes. Cette raison aboutirait inévitablement à une espèce de souveraineté individuelle, si elle ne trouvait en elle-même de quoi la contenir, de quoi la limiter. Or, la puissance qui lutte ainsi contre les débordements de la raison individuelle, c'est l'autorité humaine. Mais l'autorité humaine n'étant autre chose que la raison universelle ou la raison générale opposée à la raison individuelle, particulière, il en résulte que la raison de l'homme est comme la lance de la fable : elle guérit elle-même le mal qu'elle fait aux mortels.

L'autorité humaine est, de toutes les autorités, celle qu'il nous importe le plus de connaître, parce que c'est elle qui domine dans la société où nous vivons. De cette autorité nous voyons découler plusieurs autres autorités secondaires qui convoitent tour à tour les suffrages de l'opinion publique. L'homme est tellement enchaîné au principe d'autorité, qu'il le rencontre toujours sur ses pas. Il voudrait l'éviter, qu'il ne le peut. C'est une loi de sa nature, et cette loi suit tous les aspects sous lesquels cette nature se révèle à notre observation. Examinons quelques-uns de ces aspects.

La littérature, les arts, les sciences, la législation, etc., ont fourni à l'homme les moyens d'exercer ses facultés, et, dans toute société civilisée, on l'a vu naturellement porté à reconnaître des natures supérieures qu'il aimait à prendre pour guides, à se proposer pour modèles. C'est là l'origine des *autorités littéraires, artistiques, scientifiques et législatives*, lesquelles se sont personnifiées dans ces natures d'élite. Chez les divers peuples de l'univers, l'on rencontre des hommes, hors ligne, dont l'autorité s'est établie sans contestation. De nos jours, encore, nous rendons hommage aux grands génies de la Grèce et de Rome. Les historiens, les poètes, les artistes, les législateurs, les savants et les philosophes de ces nations n'ont rien perdu de leur prestige ; leurs œuvres, devenues classiques, fournissent l'élément essentiel de l'éducation des peuples civilisés. Le principe d'autorité est tellement vivace, que nous voyons l'empire des siècles littéraires de Périclès et d'Auguste se perpétuer jusqu'au siècle de Léon X et de François Ier, jusqu'au siècle de Louis XIV, sans rien perdre de sa force, malgré les nombreux efforts de l'esprit d'innovation.

De loin en loin, il apparaît des hommes privilégiés dont le génie sert de pôle à l'esprit humain. Ainsi, Homère chez les anciens, et Châteaubriand chez les modernes, seront toujours les rois du monde littéraire.

Le même esprit d'autorité se manifeste dans les arts. A travers les mille variétés de goût et d'opinion, l'on rencontre des maîtres qui ont connu les sources du beau et qui en ont fixé les vraies conditions. L'antiquité met en avant Apelles, Xeuxis, Praxitèle, Phydias; la renaissance exalte ses Michel-Ange, ses Raphaël; et notre époque se glorifie des David, des Canova, des Sigalon, des Ingres, des Vernet, etc.

Dans l'ordre scientifique, l'autorité a eu aussi un rôle immense. Pour s'en convaincre, l'on n'a qu'à se rappeler les nombreuses Ecoles,

Académies, Universités, Facultés qui ont été fondées chez tous les peuples. Depuis les temps les plus reculés jusqu'à nous, il n'est pas de nation qui n'ait eu de semblables institutions. Rhodes, Cnide, Cos, Athènes, Alexandrie, Rome, Bagdad, Salerne, Padoue, Montpellier, Bologne, Pavie, Paris, Oxford, Cambridge, Edimbourg, Londres, Leyde, Halle, Berlin, Vienne, Moscou, Saint-Pétersbourg, sont les lieux où, à diverses époques, l'autorité scientifique s'est réfugiée. C'est de ces lieux qu'elle est sortie comme un phare pour éclairer le monde. L'Université de Paris est l'une de celles qui ont jeté le plus vif éclat. Née, pour ainsi dire, avec la monarchie française, les rois l'ont comblée de faveurs. La Sorbonne, fondée par Saint-Louis, avait acquis tant d'importance, qu'elle faisait souvent adopter ses décisions par l'Eglise. De nos jours, l'Académie des sciences de Paris est le centre où aboutit le mouvement scientifique de notre siècle et d'où il rayonne sur l'Europe. Enfin, pour avoir une idée exacte de ce que peut le principe d'autorité en matière de science, l'on n'a qu'à se rappeler combien la tradition médicale a pu se conserver et se transmettre intacte d'Hippocrate à Galien, de Galien à Bail-

lou, à Barthez et à toute l'école hippocratique
moderne. Ce qui fait que les trois écoles de
Cos, de Pergame et de Montpellier n'en
font qu'une, puisque c'est le même esprit
qui les vivifie depuis deux mille deux cents ans.

Il est aisé de prévoir que le principe d'autorité humaine a dû s'étendre sur la législation
des peuples. Dès que les hommes ont éprouvé
le besoin de vivre en société, ils ont senti en
même temps celui de vivre sous l'empire
des lois. Ce sentiment est aussi vieux que le
monde ; on le trouve toujours associé à un
sentiment de crainte et de respect. Quand la
loi est juste, le premier devoir de l'homme est
de la respecter et de la suivre. Les peuples
réputés par leur sagesse et leur prospérité
sont ceux qui ont observé ce précepte : les
peuples turbulents et révolutionnaires sont
ceux qui l'ont méconnu.

Les lois ont servi tantôt à régler les rapports
des familles entre elles et des sociétés diverses,
tantôt à établir les relations qui doivent exister entre l'homme et son créateur. De là les
lois divines et les lois humaines. L'ancien et
le nouveau Testament sont les deux codes où
sont inscrits les préceptes qui lient l'homme
à Dieu. Moïse et Jésus-Christ sont les deux

législateurs que Dieu a envoyés sur la terre pour répandre la lumière de vérité.

Les lois humaines ont pu varier selon les lieux, les climats, selon les diverses nations et surtout selon les gouvernements, mais leur puissance n'a jamais été méconnue ; et c'est ce qui justifie l'admission d'une autorité législative, plus irrésistible encore que toute autre autorité. Tantôt ce sont les prêtres, les sages, les philosophes qui se réservent le droit de faire les lois ; tantôt ce sont les rois, les empereurs qui ont cette prérogative ; d'autres fois, comme ceux qui gouvernent ne peuvent pas tout faire, ils se déchargent de ce soin sur des jurisconsultes. Une preuve de la force que les lois ont eue de tout temps sur le genre humain, c'est le soin religieux avec lequel l'histoire et la reconnaissance des nations nous ont conservé les noms des législateurs. Osiris en Egypte, Minos en Crète, Orphée en Thrace, Confucius en Chine, Zoroastre en Perse, Zalmoxis chez les Scytes, Zaleucus chez les Locriens ; voilà tout autant de noms qui ont commandé un respect aveugle à leurs nations respectives.

Lycurgue, Dracon et Solon ont laissé en Grèce des souvenirs glorieux qui se sont perpétués jusqu'à nous. Le dernier de ces législateurs fit déposer les lois dans l'Aréopage. Les Romains en tirèrent parti. Ils mirent aussi beaucoup de soin à conserver les lois *Plesbicistes* , c'est-à-dire celles que fit le peuple assemblé, à qui Romulus accorda ce droit. Il en fut de même du code *Papyrien* et de la loi des *XII tables*. Après Romulus, c'est Numa, Servius Tullius, Auguste, Théodose et Justinien qui ont le plus contribué à fixer les bases de la législation romaine. Les *Pandectes* ou le *Digeste* de ce dernier empereur renferment, à peu près, toutes les décisions des anciens jurisconsultes romains.

Depuis cette époque, jusqu'à la fondation de la monarchie française, l'on ne voit plus que les lois des Bourguignons, des Visigoths et des Francs, peuples qui inondèrent les Gaules, et qui, malgré leur état de barbarie, n'en étaient pas moins sous l'autorité de la loi.

Nous devons à Clovis les *Lois Saliques*, à Charlemagne les *Capitulaires*, à Louis IX un Code appelé *Etablissements* de Saint-Louis, à Philippe IV des *Lois Somptuaires*.

Nous avons eu, en outre, les lois de l'Eglise, connues sous le nom de *Canons* ou *Lois Cano-*

niques. L'Eglise aussi procède avec ordre et mesure ; elle a son gouvernement, sa police. L'empire de la loi est partout, il s'étend à tout.

Sous les rois de la troisième race, les lois prirent les noms d'ordonnances, d'édits, de déclarations. Les rois de la branche des Bourbons ont aussi publié des édits, des ordonnances. Les édits de Nantes, publiés par Henri IV, et révoqués plus tard par Louis XIV, sont devenus fameux. Tout le monde a conservé le souvenir des fatales ordonnances qui ont fait perdre la couronne à Charles X. Le cycle révolutionnaire a vu naître des Chartes, des Constitutions à n'en plus finir. Mais le plus beau monument de cet âge, c'est le Code Napoléonien.

Les auteurs du grand Vocabulaire français ont soutenu, sans raison, que le pouvoir législatif, en France, n'appartenait qu'au roi seul. La nation a toujours participé à ce pouvoir. Il est même des époques où la nation avait acquis tant de puissance, qu'elle déposait ses rois et changeait les dynasties. Les Parlements et les Etats-généraux s'étaient réservés aussi une grande influence législative, qu'ils ont transmise aux Chambres des pairs et des députés , sous les monarchies constitutionnelles. Le pouvoir de faire les lois est resté tout entier aux Assemblées constituante et législative, ces deux filles de nos révolutions.

Les rois ne se contentaient pas seulement du concours de la nation pour la formation des lois ; ils profitaient aussi des lumières des grands hommes qui les entouraient. C'est ainsi que nous voyons les Alcuin , les Suger, les Sully, les Mazarin , les Richelieu, les Colbert , les Turgot , les Villèle , les Châteaubriand donner leurs conseils à la couronne. C'est ainsi que les chanceliers l'Hospital , de Thou , Lamoignon , d'Aguesseau et le président Montesquieu , travaillent à la confection des lois sous les yeux de leurs souverains. A l'étranger Grotius , Puffendorf , Beccaria , Bentham , Savigny mettent la législation en harmonie avec les besoins de leur époque. Les jurisconsultes français ne restent pas en arrière dans ce genre de travail, et parmi eux brillent au premier rang Bodin , Cujas , Pothier, Delolme, Sieyes, Cazalès, Cambacérès. Les philosophes législateurs du XVIIIe siècle , et les révolutionnaires de 1791 et de 1848, se donnant tous la main, parce qu'ils ont tous un même but, celui d'éparpiller les richesses et d'égaliser les fortunes, c'est principalement sur la propriété qu'ils concentrent leur attention.

En effet, Montesquieu fait la critique de l'organisation sociale du passé, mais il s'arrête là. Rousseau va plus loin : il attaque cette organisation et exprime sa haine contre l'institution de la propriété. Arrive Mirabeau, ce grand instrument de la Révolution française, qui attaque de front le droit d'ainesse et foule aux pieds tous les priviléges de la naissance. Néanmoins, en présence de la propriété, il suspend ses coups : ses dernières paroles, lues à l'Assemblée par Talleyrand, furent en faveur de l'héritage.

Nous trouvons beaucoup moins de scrupule parmi les écrivains socialistes de notre temps. Nous savons ce que deviendrait la propriété entre leurs mains. A vrai dire, Saint-Simon, Enfantin, Bazar, Fourrier, Cabet, V. Considérant, Proudhon, Louis Blanc et consorts, sont des économistes d'une drôle d'espèce. Le bon sens national a fait justice de toutes leurs utopies ; et la Constitution, quoique faite au milieu des convulsions révolutionnaires, a mis la propriété à l'abri de la rapacité de ces nouveaux Vandales. Ce qui ne veut pas dire que toutes les craintes doivent être dissipées et que l'on peut dormir tranquille. Les fausses doctrines ont facilement accès auprès des masses, surtout quand elles flattent leurs passions. La vigilance du gouvernement doit donc être continuelle, jusqu'à ce que nous ayons trouvé le véritable antidote du socialisme.

Sans doute, il est des économistes profonds qui ont voulu le bien de bonne foi. Sans doute, Malthus, Sismondi, Ricardo, Smith, Quesnay, Turgot, J.-B. Say, de Tracy, Cousin, Thiers, etc., ont eu d'excellentes intentions, mais leurs théories manquent souvent du seul caractère qui les rendrait durables : elles sont privées du contrôle de la religion. Or, la religion nous paraît être le seul arcane propre à guérir la société des maux qui la dévorent. Que le législateur rende la loi charitable et bienfaisante, et le même jour le socialisme sera frappé au cœur. Sous le vain prétexte de ne point favoriser l'oisiveté, il ne faut pas tout-à-fait fermer nos cœurs aux cris de plusieurs millions de malheureux. A Lacédémone, où chaque citoyen n'avait que le nécessaire, l'oisiveté était un crime poursuivi par les lois. En France, où plusieurs familles manquent du nécessaire ou de travail, si la charité ou l'Etat n'intervient pas, la société doit se disloquer.

Il est digne de remarque que la direction de la société a rarement appartenu aux publicistes religieux. Il semble que l'esprit de Dieu a dû toujours fléchir devant l'esprit des hommes. A coup sûr, la société n'aurait rien perdu d'avoir mis à sa tête des hommes tels que Mably, de Bonald, de Maistre, Châteaubriand, Fitz-Jame, Dreux-Brézé, Valmy, Larochejaquelein, Genoude, de Lourdoueix, Alfred Nettement, Alexandre Weill, etc. (1) : à coup sûr, avec de pareils hommes la société rentrerait dans le courant des idées conservatrices, religieuses et libérales. Avec eux la loi ne serait plus un vain mot; elle se graverait davantage dans le cœur de l'homme; l'esprit révolutionnaire serait totalement maîtrisé, et nous pourrions encore nous promettre un brillant avenir.

De l'autorité législative à l'*autorité politique*, il n'y a qu'un pas. Souvent et longtemps elles ont été toutes les deux dans une même main.

(1) Je ne puis croire que Messieurs Berryer et de Larcy soient tout-à-fait décidés à priver le parti du droit national de leur immense concours.

Après l'autorité paternelle, l'autorité politique est la plus ancienne du monde. Celle-ci est à la société ce que l'autre est à la famille. Elles sont aussi incarnées l'une que l'autre dans l'esprit de l'homme. A l'origine de toutes les sociétés l'on rencontre des chefs que les hommes se sont volontairement donnés: Ils ont fait le sacrifice d'une partie de leur liberté pour conserver l'autre. Même au milieu des Républiques les mieux constituées, le peuple a toujours jugé nécessaire de déléguer à d'autres une partie de son pouvoir. Les sophistes politiques évoquent constamment le principe de la souveraineté du peuple ; mais il est aisé de leur répondre avec Montesquieu : « Comme « les monarques et même plus qu'eux, le « peuple a besoin d'être conduit par un con- « seil ou sénat. Et pour qu'il y ait confiance, « il faut qu'il en élise les membres. » A l'appui de cela, il cite le peuple romain qui ne pouvait se résoudre à élire les Plébéiens, quoiqu'il se fût donné le droit de les élever aux charges; il cite les Athéniens à qui la loi d'Aristide permettait de tirer les magistrats de toutes les classes, et chez qui cependant, au dire de Xénophon, le bas peuple n'afficha jamais la moindre prétention de ce côté-là. En France.

nous sommes bien moins sages : il n'est pas de citoyen, pour si ignorant qu'il soit, qui n'ambitionne les honneurs du pouvoir ou de la représentation nationale. En vérité, sommes-nous doués de la moindre vertu républicaine ?

Mais c'est sous la forme unitaire que l'autorité politique acquiert et déploie toute sa force. De temps immémorial, nous voyons les peuples porter le plus grand respect aux gouvernements de forme impériale ou royale. Cette préférence est même assez naturelle : on s'accommode mieux du gouvernement d'un seul que du gouvernement de plusieurs. Sans doute, la force des armes a dû décider souvent de cette forme de gouvernement ; mais ce fait s'est reproduit trop souvent, il a trop duré dans l'histoire, il a trop dominé dans les sociétés pour qu'il ne faille pas le rattacher à quelque chose de supérieur à la volonté et au caprice des hommes.

A l'origine du monde, l'on trouve les diverses nations gouvernées par l'autorité d'un seul. Ici, c'est Moïse qui commande à tout un peuple ; là, c'est Sésostris qui étend immensément sa domination ; ailleurs, Cyrus et Darius font mouvoir une multitude d'hommes, de races et de langues différentes. La puissance

de ces derniers rois ne doit être un jour éclip-
sée que par celle d'Alexandre, qui a visé à la
monarchie universelle. César et Auguste ont
prouvé, dans Rome, ce que peut le pouvoir
d'un seul sur un grand peuple.

Les hordes barbares qui s'abattirent sur
le vieux monde, au moment de la chute de
l'empire romain, étaient semblablement sous
la conduite de chefs intrépides, dont le pouvoir n'avait pas de bornes.

Le même fait de l'unité politique, de la
forme monarchique, se reproduit en Asie ; on
le retrouve en Afrique ; on l'a rencontré aussi
dans les forêts vierges de l'Amérique, comme
on l'a vu sortir des forêts de la Germanie et
s'irradier de là dans toute l'Europe. De telle
sorte que la France, l'Espagne, l'Italie, à quelques exceptions près, l'Allemagne, l'Angleterre, la Russie, n'ont presque connu que ce
régime.

La constance, l'universalité et la perpétuité
d'un pareil fait ont de quoi surprendre. Malgré
les mille circonstances qui ont pu concourir à
son établissement, il n'y a pas à douter que
sa causalité ne soit d'un ordre moral, ne se
rattache à quelque dessein de la providence.
Oui, sans doute, quand on voit l'autorité po-

litique, qui s'exerce sur les hommes, prendre constamment la forme monarchique depuis le commencement du monde, cela tient à quelque nécessité de la nature humaine. La royauté devient ainsi un fait primordial, une condition, une loi de l'existence sociale. Ce fait, implanté dans le cœur des nations, est inévitable ; on le rencontre toujours sur ses pas ; il entre dans les plans du Créateur.

La royauté étant une acquisition historique, désormais incontestable, il ne reste plus qu'à se rendre compte des divers moyens qui ont servi à l'instituer. Souvent, c'est par l'habileté, la ruse, l'adresse, la dissimulation de leurs semblables que les hommes se laissent entraîner. La *royauté cauteleuse* n'a pas d'autre origine : Ulysse, parmi les Grecs, Philippe, en Macédoine, Louis XI, Mazarin, Talleyrand, Louis-Philippe d'Orléans, en France, nous ont suffisamment familiarisés avec elle.

D'autres fois, les peuples confient l'autorité suprême à ceux d'entre les hommes que leur sagesse, leur expérience, leur âge ont rendus vénérables. Par cela même qu'ils ont vécu, on leur suppose plus de savoir, plus de lumières, et partant on les croit plus aptes à satisfaire aux besoins de tout un pays. J'appel-

lerai ce genre de royauté *royauté de la vieil-
lesse*. L'antiquité en fournit des exemples.

Dans d'autres circonstances , la royauté
s'impose forcément. Il est des moments dans
l'histoire où l'on voit des peuplades se préci-
piter les unes sur les autres, ordinairement
les barbares sur celles qui sont civilisées : il
est des moments où, pour le moindre motif,
il prend envie à des hommes, en proie à l'hu-
meur belligérante, de soulever l'univers et d'y
établir leur commandement. Par exemple,
quel moyen de résister au fer dévastateur de
ces hommes-rois dont la gloire est toujours
obscurcie par une auréole de sang , tels
qu'Alexandre, César, Charlemagne, Mahomet,
Gengis-Kan, Tamerlan, Guillaume-le-Conqué-
rant, Fernand Cortès, Charles-Quint , Louis
XIV, Napoléon? C'est là la *royauté militaire.*
Lorsque cette royauté survient à des peuples
non civilisés , elle prend le nom de *royauté
barbare.* Son caractère est d'être cruelle, sau-
vage et sans quartier à l'égard des vaincus :
Væ victis ! disaient les Gaulois. *Velenda
Carthago!* disaient les Romains. Mais quand
elle survient à des peuples civilisés, elle est
appelée *royauté impériale,* et l'on voit alors le
droit des gens régler les rapports qui vont

s'établir entre les vainqueurs et les vaincus.

Il est rare que, par un fait tout providentiel, à côté de la royauté militaire ne se trouve le germe d'une autre royauté encore plus puissante et très-propre à contenir, diriger et moraliser la royauté du sabre : je veux parler de la *royauté religieuse.* Celle-ci a toujours servi de contre-poids à la première. Alexandre va, pour ainsi dire, déposer son pouvoir dans le temple de Jupiter Ammon. Mahomet se fait passer pour l'envoyé du ciel. Pepin, Charlemagne et Charles-Quint s'abritent sous la cour de Rome et mettent leurs armes à son service. Louis XIV honore autant qu'il est en lui le clergé français, et Napoléon ne maltraite le vénérable successeur de saint Pierre que pour lui arracher son puissant concours.

Pendant longtemps, en France, la royauté s'est entourée des grands du royaume et s'en est fait une espèce de rempart. Cette forme de *royauté féodale* ou *aristocratique* a eu son beau côté, mais, de nos jours, elle ne serait plus possible. Avec les idées qui ont cours, il faut que les faveurs du gouvernement s'épanchent dans tout le corps social, et non pas seulement dans quelques maisons , dans quelques familles. Tous les taillables ont le droit de prétendre aux dignités de l'Etat. Que l'Angleterre s'accommode d'une royauté aristocratique, il nous importe peu ; mais nous, nous devons solliciter une royauté qui puisse s'allier avec les droits de tous les Français , une royauté, en un mot, qui soit continuellement assise sur le suffrage universel.

La royauté aristocratique nous met sur la voie de la *royauté financière*, que nous avons vu durer dix-huit ans. Celle-ci avait aussi organisé autour d'elle une *aristocratie pécuniaire* bien formidable et bien orgueilleuse. Mais comme cette aristocratie ne se complaisait que dans les tripotages de bourse ou dans les exploitations de chemins de fer , comme elle était peu soucieuse de l'honneur national, de la gloire du pays , elle devait s'écrouler au premier souffle du vent révolutionnaire et entraîner avec elle sa royauté de prédilection, *bâtarde d'une nuit sanglante.*

Il est une autre royauté qui s'est maintenue rarement en France , c'est la *royauté absolue.* Préparée par Richelieu, cette royauté s'est irrévocablement établie sous Louis XIV. La royauté absolue et la royauté militaire ont ensemble les plus grands rapports. L'une est souvent la conséquence de l'autre. Cependant l'on peut dire que la royauté absolue s'établit quelquefois par la seule force des choses, par l'effet de l'apathie où est tombée la nation. Quand les peuples sommeillent, les rois en profitent pour les enchaîner. Dans ce genre de royauté, toutes les forces de la nation sont concentrées dans la personne du monarque. Le pouvoir que le roi a en main est illimité. Ce dernier peut dire : *L'Etat, c'est moi.* Cette royauté offre des avantages incontestables quand on considère l'unité et la force dont un gouvernement a besoin dans mille circonstances. Mais l'esprit essentiellement libéral de notre nation est trop incompatible avec une autorité politique absolue pour que celle-ci puisse jamais se promettre une longue durée. Aussi, en sortant de nos révolutions, a-t-on vitement opposé à la royauté absolue la *royauté constitutionnelle*, la *royauté représentative.*

Enfin, la dernière royauté qui se présente à notre examen porte le nom de *royauté de naissance*, de *royauté héréditaire*. Celle-là est la plus ancienne de toutes ; elle est venue du fond de la Germanie avec nos ancêtres. «Quand « les Francs, dit de Genoude, entrèrent dans « les Gaules, ils y apportèrent l'unité et la « liberté, la *royauté héréditaire* et la représen-

« tation nationale. » La royauté héréditaire a vu passer sous ses yeux toutes les autres royautés. Elle les résume toutes en quelque sorte, et l'on peut dire qu'elle a su s'assimiler toutes celles qui ont pu profiter à la nation. De nos jours, cette royauté veut se fonder dans le suffrage universel; elle veut s'identifier avec la nation, pour parler comme Mounier; donc, l'on peut, à bon droit, l'appeler *royauté nationale.* Et comme elle se compose de tous les éléments, de toutes les forces vives du pays; comme elle puise ses principes de vie dans les entrailles mêmes de la France, elle peut aussi être dénommée *royauté légitime.*

Une circonstance qui rehausse à nos yeux l'éclat de la royauté légitime, ce sont les malheurs infinis dont elle a été accablée. Notre première révolution nous a donné le terrible spectacle d'une *royauté martyre* ; nous devons à la seconde la création d'une *royauté de l'exil.* Mais la royauté légitime, immortelle par essence, n'a rien à craindre de toutes ces péripéties. C'est en vain que l'on accumulerait contre elle la mort, la proscription, le bannissement ; son principe, fécond comme Dieu dont il émane, tendrait toujours à se reproduire. Les lis, abattus par la tempête, se relèvent encore plus majestueux. Touchés un jour de la noble résignation avec laquelle un grand roi captif supportait son malheur, des ennemis, des hommes réputés barbares, lui offrirent une couronne. Quand donc les Français, qui ne sont certainement pas les ennemis du descendant de Saint Louis, mettront-ils un terme aux rigueurs qui privent ce noble prince des jouissances de la patrie ? L'exil est une grande école; instruit à cette école du malheur, l'on apprend à secourir les malheureux. Que faut-il de plus pour être digne de revoir le beau ciel de France ?

Il doit être bien prouvé, d'après ce qui précède, combien la forme monarchique est étroitement liée avec le principe d'autorité politique. Quand on a voulu abandonner cette forme pour en prendre une autre, la nation a bien souffert; elle s'est consumée en efforts pour revenir à son premier état. C'est là précisément ce que nous faisons chaque jour. Nous n'aurons véritablement le repos que quand nous aurons ramené la France à ses vieilles habitudes, à ses vieilles lois, à ses mœurs antiques. Hors de là, point de salut. Car il est impossible de rendre un peuple heureux lorsqu'on le prive d'une institution qui a le plus contribué, dit M. Guizot, à la formation de la société moderne. Machiavel avait très-bien reconnu qu'il est difficile à un peuple de quitter ses institutions pour en prendre de nouvelles. Ce qu'il dit est tout-à-fait applicable à la situation présente de notre pays : « *Un populo uso a vivere sotto un principe, se per qualche accidente divento libero, con difficultà mantiene la libertà.* »

Nous venons de voir dans ce deuxième paragraphe que l'homme est continuellement assujéti au principe d'autorité, que c'est même une loi de sa nature. Il reste à déterminer maintenant pourquoi ce principe a perdu de sa force, de son empire.

III.

Deux ordres de causes ont contribué à affaiblir le principe d'autorité dont nous venons de parcourir les diverses phases. Les premières proviennent du principe même d'autorité; les secondes sont représentées par toutes les causes divellentes qui ont opéré sur la société. Le principe d'autorité dérive d'une loi de l'esprit humain que nous appelons *loi de stabilité*; cette loi est conservatrice, immuable. Néanmoins , elle ne peut suffire à la solution du problème social , parce qu'elle emprisonne la pensée dans un cercle trop inflexible.

La loi de stabilité induit à ne voir rien, en littérature, par exemple , au-delà du classique, rien au-delà des arts poétiques d'Aristote , d'Horace , de Boileau. Ce sont là les seuls législateurs du Parnasse ; leurs œuvres doivent être le code unique de tous les écrivains. En sorte que la loi de stabilité réduit à néant tout le mouvement littéraire qui remonte à Ossian et qui se développe avec Shakespeare, Thompson, Gœthe, Schiller, Klopstock , lord Byron , Châteaubriand , Mme de Staël, Lamartine, Victor Hugo.

L'esprit de la loi de stabilité , insinué dans les sciences, est souvent pour elles un sujet d'écueil, de recul. L'on a vu les Académies traiter avec dédain des découvertes importantes et condamner ainsi à l'oubli des hommes de génie. Galilée , Colomb , Robert-Fulton, sont trois victimes célèbres de l'obstination aveugle du principe d'autorité scientifique.

Nous savons qu'une sage surveillance, à l'égard de l'esprit philosophique, est bien des fois nécessaire, mais l'autorité se nuit à elle-même quand elle entrave le développement régulier de la pensée, de la raison. La philosophie peut être contenue, gourmandée ; en aucun cas, elle ne doit être étouffée, ni persécutée, comme elle le fut sous Bonaparte.

L'Eglise aussi a plusieurs fois abusé de l'autorité légitime qu'elle exerce sur l'homme et sur la société. A diverses époques, son administration, sa discipline ont été entachées de plusieurs vices. C'est pourquoi l'on a vu Saint Bernard, Gerson, Pierre d'Ailli, le cardinal Cajétan, le cardinal Julien et Bossuet solliciter à grands cris les réformes nécessaires. La cour de Rome, étant resté sourde à la voix de ses meilleurs conseillers, a vu des sectes redoutables se détacher de son sein et braver son autorité. Un peu moins d'inflexibilité, un peu plus de tolérance pour tout ce qui était en dehors du dogme, auraient peut-être pu prévenir l'hérésie. Quand des ennemis puissants s'acharnaient à crier contre le despotisme sacerdotal, il fallait prouver que l'Eglise de Jésus-Christ est la mère de toutes les libertés, puisque c'est elle qui a affranchi les hommes.

Quand l'autorité politique veut se réfugier

exclusivement dans la loi de stabilité, elle est bientôt frappée d'impuissance : ou bien elle traine la nation vers le despotisme, la tyrannie, ou bien elle la pousse vers les révolutions. L'histoire confirme cette vérité. L'unité dans le pouvoir, plus une grande force concentrée dans les mains d'un monarque, ne suffisent pas pour gouverner une nation d'hommes libres. Sans sortir de l'histoire de notre pays, nous pouvons nous convaincre qu'il faut autre chose dans nos institutions. Les Germains, nos ancêtres, ont apporté dans les Gaules l'*esprit de liberté* en même temps que l'*esprit d'unité politique. La royauté héréditaire et la représentation nationale* ont toujours marché de front. Ce sont deux forces qui se sont développées parallèlement. Quand l'une s'est ralentie, elle a doublé ses étapes pour rattraper l'autre.

M. Guizot a soutenu que dans ces temps-là, la royauté était essentiellement élective. L'autorité de Tacite, de Grégoire de Tours et de l'abbé de Génoude déposent contre cette manière de voir, au moins en ce qui concerne les rois de la première race. Mirabeau s'exprime formellement à cet égard : « Il n'y a, « dit-il, point de preuves sans réplique, que

« depuis Clovis les rois de la première race
« aient été élus ; et, à la vérité, la régularité
« de la succession n'a jamais été observée sous
« cette dynastie ; mais il est aussi certain que
« l'histoire de temps aussi reculés peut l'être,
« *que, pendant plus de trois siècles, la couronne*
« *s'est conservée dans la même famille ;* ce qui
« paraît au moins un préjugé très-fort que
« les premiers Francs reconnaissaient à une
« *famille le droit d'hérédité* à la couronne. »

Mais le moindre doute ne saurait être élevé à l'égard du principe de liberté. Parti du fond de la Germanie, ce principe s'est incorporé dans nos mœurs. Les assemblées nationales en ont toujours réglé le cours. Ces assemblées semblaient n'être établies que pour limiter, pour contrôler en quelque sorte l'autorité royale. Aussi les grands rois de la première et de la deuxième races s'appliquèrent-ils à les respecter. Sous Clovis et Charlemagne, elles étaient en pleine activité. Certes, Charlemagne avait pris assez d'autorité pour se passer de ces assemblées ; nul mieux que lui n'était taillé pour le pouvoir absolu. Eh bien ! ce prince, dit Mirabeau, se fit un devoir de donner aux assemblées nationales une forme fixe et régulière. Il était trop habile pour agir au rebours du génie national. Par ce passage de Commines, l'on peut juger de la retenue que devaient s'imposer les souverains de cette époque : « Notre roi, dit cet historien , est le « seigneur du monde qui le moins a cause « d'user de ces mots : J'ai privilége de lever « sur mes sujets ce qui me plaît. » Par cet autre passage tiré de Mirabeau , l'on peut voir combien étaient grandes les prérogatives des assemblées : « Le gouvernement de la « nation dépendait des délibérations commu- « nes ; et les assemblées générales, si connues « sous le nom de *Champ-de-Mars* et *Champ-de-* « *Mai*, qu'elles portèrent sous la première « race de nos rois, exerçaient une juridiction « suprême sur *toutes personnes, et dans toute* « *espèce de causes.* »

Ajoutons aux assemblées des Champ-de-Mars et Champ-de-Mai les parlements avec leurs droits de remontrance , les Etats-géné-raux, les Etats-particuliers, l'affranchissement des communes , la liberté de la presse et la liberté de penser qui se sont développées l'une par l'autre ; les droits électoraux fondés sur le cens ; ajoutons-y enfin le suffrage uni-versel , et nous aurons là tout autant de preuves que le principe de liberté, d'origine si ancienne, est indestructible en France.

Voilà donc l'élément libéral désormais en présence de l'autorité politique ; voilà donc la royauté héréditaire obligée de compter avec la nation. Toutes les fois que nous verrons cette royauté occupée à enrayer, à détruire le principe de liberté, nous pouvons affirmer qu'elle travaille elle-même à son affaiblissement, à sa propre ruine. La royauté, pour se maintenir, a besoin de prendre son point d'appui sur la représentation nationale, et celle-ci, pour jouir paisiblement de ses droits, a besoin de se vivifier de l'esprit de la royauté. *Unité* et *liberté*, telle est la double assise de tout gouvernement durable. La *loi de stabilité* et la *loi de progrès* deviennent ainsi, dans une institution, des lois primordiales et inséparables. L'immortel de Genoude a donc eu raison de dire : « L'unité de pouvoir n'est pas suffisante, « si cette unité ne repose sur la liberté de « tous. »

Il est d'autres causes qui, pour être moins générales, n'ont pas moins concouru à l'affaiblissement du principe d'autorité politique. Ces causes se rattachent à la personne même des monarques, aux vices des dynasties. Pour bien régner sur la France, il faut plus que de grandes vertus, il faut aussi de grandes qualités d'esprit. Les princes qui ambitionnent la couronne de Charlemagne, de Saint Loüis, de François Ier, de Henri IV, de Louis XIV, doivent s'examiner longtemps avant d'entreprendre le chemin du trône.

Les derniers héritiers des rois de la première race étaient d'une incapacité telle, que la couronne passa, sans coup férir, dans les mains de leurs ministres.

Les rois de la seconde race, fameux par leur courage, leur prudence, ont été aussi profonds politiques et grands législateurs. Les derniers princes de cette race manquèrent d'énergie, se laissèrent entamer par l'aristocratie féodale et perdirent le pouvoir.

On attribue aux rois capétiens une grande fermeté de caractère, de la bravoure, beaucoup de piété et du respect pour la justice.

Les Valois sont renommés dans l'histoire par leurs cruautés. On les a mis sous ce rapport sur la même ligne des Mérovingiens.

Les Valois-Orléans, malgré leur amour pour les lettres et les beaux-arts, se laissèrent aller au fanatisme religieux et devinrent cruels.

Les Bourbons, réputés par leur bonté, leur clémence, leur galanterie, leur faiblesse pour les femmes, ont aimé le faste et les profusions. Les princes de cette maison se sont montrés très-chatouilleux sur toutes les questions d'honneur national : ils ont aimé la gloire et ils l'ont aimée pour le pays. La France, sous leur règne, est arrivée à son plus haut point de splendeur et de prospérité. C'est sous leur règne aussi que les lettres, les arts, les sciences, l'industrie, le commerce, l'agriculture, la stratégie, la marine ont atteint le dernier terme de leur développement. Tous ces avantages n'ont pu faire oublier certaines fautes, dont la royauté ou les ministres qui l'entouraient s'étaient rendus coupables à diverses époques, fautes que la révolution a toutes mises à tort sur le compte de la dynastie des Bourbons et dont elle l'a faite responsable.

A part les cruautés qui ont été reprochées à Philippe-le-Bel, à Philippe de Valois, la tyrannie à Louis XI, le fanatisme à Charles IX, la haine implacable contre les grands à Richelieu, l'astuce à Mazarin, l'absolutisme à Louis XIV : à part tous ces abus, tous ces vices, la révolution a encore demandé raison à l'ancien régime de plusieurs actes illégaux, de certains tribunaux extraordinaires, de l'abolition des assemblées générales et du droit de suffrage sur les lois et les impôts, de la distribution inégale de ces mêmes impôts, d'une multitude de lettres de cachet et d'emprisonnemens arbitraires, de plusieurs scènes horribles de la Bastille. Le principe d'autorité politique ne pouvait que perdre et être ébranlé au souvenir de tant d'abus, de tant de fautes accumulées.

Il nous reste maintenant à examiner les causes qui, prises en dehors du principe d'autorité politique, ont continuellement travaillé à réduire ce principe à sa plus simple expression. Nous savons qu'il y a dans la société d'autres forces que celle de l'autorité politique. La représentation nationale se composait autrefois de trois élémens, savoir : le clergé, la noblesse et le tiers-Etat. De nos jours, le peuple est intervenu dans la représentation et a augmenté le nombre des élémens sociaux. Eh bien ! chacun de ces élémens a eu son tour de rôle dans l'œuvre, sinon de démolition, du moins d'appauvrissement du principe d'autorité politique.

Qui ne sait, par exemple, que l'Eglise a été si puissante, qu'elle a pu déposer les rois, disposer des couronnes et délier les sujets du serment de fidélité envers les monarques ?

Un pareil gouvernement ayant pris tant d'extension et s'étant exclusivement arrogé la direction de la société, ne pouvait que comprimer et paralyser l'autorité politique. Mais cette prépondérance de l'Eglise, qui choquerait les esprits au temps où nous vivons, était bien nécessaire lorsque la société, fondée uniquement sur le droit de la force, était livrée à chaque instant aux passions brutales des uns et des autres. L'Eglise seule était alors en état d'inculquer dans les esprits les notions du droit moral et de justice ; seule elle pouvait aller au secours du faible et de l'opprimé. C'est ce qui a fait dire à M. Guizot : « Quand la liberté a manqué aux hom-
» mes, c'est la religion qui s'est chargée de
» la remplacer. »

Sous les rois de la deuxième et de la troisième races, l'aristocratie féodale avait acquis tant de puissance, que les rois étaient réduits à n'être que les juges de paix du royaume. Plusieurs vassaux ne se faisaient même pas scrupule de déclarer la guerre à leur suzerain. Il a fallu plusieurs siècles à l'autorité politique pour dompter l'esprit inquiet et remuant de la noblesse. Les cruautés de Louis XI et l'esprit vindicatif de Richelieu parvinrent enfin à la maîtriser.

Le tiers-Etat a fait plus que de circonscrire l'autorité politique et de lutter contre elle ; il a voulu aussi la détruire sur l'échafaud dans la personne du bon Louis XVI. Plus tard, la bourgeoisie, fille gâtée du tiers-Etat, n'a eu ni repos, ni fin, que quand elle a eu élevé une royauté de son choix sur les ruines de la royauté légitime. Cette nouvelle violation des lois fondamentales de notre société politique ne pouvait que pousser à la déconsidération du principe d'autorité.

Le mauvais exemple est contagieux. Une fois le principe d'insurrection proclamé, il faut en subir toutes les conséquences. Le peuple aussi a voulu un gouvernement à sa manière ; en 1848, il a rompu avec le passé de notre histoire ; il a abandonné les vieilles formes du gouvernement de nos pères. Fatigué de se voir leurrer continuellement, il a cru pouvoir se passer de maîtres.

Certes, il y a quelque chose d'admirable dans cet élan d'un peuple éclairé, dans cet effort unanime pour conquérir des droits imprescriptibles. Mais ce serait une bien grande erreur de croire que le pouvoir national doit en rester là, et ne point reposer sur d'autres bases. C'est à la fois tromper le peuple et men-

tir au pays que de proclamer la suffisance de
la souveraineté plébéienne. Le peuple ne forme qu'un élément de la représentation nationale ; il ne peut, par conséquent, les ab-
sorber tous, ni les dominer tous. Ce serait re-
tomber dans l'injustice qui a fait tant crier
contre les régimes passés. Il est bon de ne
pas se laisser entraîner par les publications
du protestant Jurieu, de Rousseau et de Mirabeau sur la souveraineté du peuple. Cette
dernière souveraineté doit s'effacer devant la
souveraineté nationale, souveraineté plus intelligente, plus universelle, et partant plus
juste, plus légitime.

Tout peuple qui veut jouir longtemps de la
liberté doit savoir renoncer à l'indépendance.
Dans la société, tous les hommes sont soli-
daires les uns des autres ; des devoirs récipro-
ques leur sont imposés ; ils sont liés étroitement au grand tout qui, en ce moment, est
la chose publique. La société est hiérarchi-
quement constituée ; que cette organisation
soit naturelle ou forcée, il faut la respecter,
car il faudrait trop de violence pour la faire
disparaître.

Il ne faut pas croire que la liberté consiste
à faire tout ce que l'on veut. Il y a des limites

à tout. S'il n'en était ainsi, il n'y a pas de raison pour que la volonté de mon voisin ne s'opposât continuellement à la mienne. Alors, nos actions se croiseraient, se choqueraient et se détruiraient mutuellement. De là, plus de liberté ni pour l'un, ni pour l'autre. Voilà pourquoi Montesquieu a défini la liberté, *le droit de faire tout ce que les lois permettent.* Essayez, en conséquence de ce qui précède, de mettre le pouvoir seulement entre les mains du peuple. Par cela même que vous l'avez proclamé souverain cette année, vous serez obligé de le déclarer souverain l'année prochaine ; il pourra donc modifier à son gré les lois fondamentales, changer le gouvernement et tenir continuellement la porte ouverte aux révolutions. Le grand Bossuet avait parfaitement entrevu toutes ces difficultés ; il dit : « *Où tout le monde veut faire ce qu'il veut, nul ne fait ce qu'il veut ; où il n'y a pas de maître, tout le monde est maître : où tout le monde est maître, tout le monde est esclave.* »

Nous voici en présence de la cause qui a le plus contribué à la ruine de toute autorité. C'est de l'esprit d'hérésie et de philosophisme dont il s'agit. Il nous suffira de faire quelques citations pour montrer la pernicieuse influence de cette double cause. Déjà, au début même du Christianisme, l'on avait vu l'hérésie s'introduire dans le sein de l'Eglise et y faire beaucoup de mal. L'Arianisme et le Pélagianisme ont ébranlé, chacun en raison de sa force et de sa durée, le principe d'autorité religieuse Plus tard, c'est Erigène, Roscelin, Abeilard qui, au nom de la raison humaine, ont défié l'Eglise, ont protesté contre elle. La voie était ouverte, il n'y avait plus qu'à s'y lancer; c'est ce que firent Jean Hus et Jérôme de Prague. Il était réservé à Luther et à Calvin de mettre la dernière main à cette révolution religieuse. Depuis lors, le schisme s'est établi dans l'Eglise de Jésus-Christ. L'unité de croyance a été rompue ; la raison individuelle s'est substituée à la vérité dogmatique ; le principe d'autorité a été foulé aux pieds ; et l'âme, tristement incertaine, n'a plus pour régulateur que le caprice et les belles fantaisies d'un ministre qui, par ses rapports, tient plus à la terre qu'au royaume des cieux.

Le philosophisme a tenté aussi sa révolution dans la morale : pour cela, il a dirigé toutes ses batteries contre l'Eglise catholique, contre Jésus-Christ, qu'il était convenu de

surnommer l'*infâme*. Au lieu de cette philosophie sage et véritablement religieuse que le dix-septième siècle nous apporta et qui fit la gloire des Bacon, des Descartes, des Newton, des Leibnitz, des Pascal, des Mallebranche, des frères Arnaud, des Nicole, etc., le dix-huitième siècle a élucubré une philosophie fondée sur le sensualisme et sur l'impiété. Voltaire a été le chef, mais non l'inventeur de cette philosophie libertine et subversive. C'était un parti bien arrêté chez ce chef de secte de ne respecter aucune espèce d'autorité. Ecoutons-le plutôt : « Misérables hu
» mains, soit en robe verte, soit en turban,
» soit en robe noire ou en surplis, soit en
» manteau et en rabat, ne cherchez jamais à
» employer l'autorité là où il ne s'agit que de
» raison, ou consentez à être bafoués dans
» tous les siècles comme les plus impertinens
» de tous les hommes, et à subir la haine pu
» blique comme les plus injustes. »
Le même philosophe écrivait à Diderot :
« Je vous recommande l'infâme (la religion) ;
» il faut la détruire chez les honnêtes gens et
» la laisser à la canaille, pour qui elle est
» faite. » « Je suis las, disait-il encore, d'en
» tendre répéter que douze hommes ont suffi

» pour établir le Christianisme, et j'ai envie
» de leur prouver qu'il n'en faut qu'un pour
» le détruire. »

D'Alembert, Helvétius, Lamétrie, d'Holbac, Dupuy, Volney, St-Lambert et le roi de Prusse, Frédéric II, appartenaient à cette secte infernale de penseurs dont les uns voulaient la ruine du Christianisme et les autres l'inauguration de l'athéisme dans la société. Dans son *Catéchisme universel*, ouvrage tout de morale, St-Lambert, qui passait pour le mieux intentionné de tous ces philosophes, a, pour ainsi dire, chassé Dieu de son œuvre. C'est à peine, dit M. Cousin, s'il en parle deux fois. Et Diderot, auteur principal de l'*Encyclopédie*, n'a-t-il pas peint l'esprit de cette époque dans cet horrible passage ?

> Et des boyaux du dernier roi,
> Serrons le cou du dernier prêtre.

Cette dernière pensée du collaborateur de d'Alembert prouve que les philosophes du dix-huitième siècle ne se proposaient pas seulement une révolution morale, mais aussi une révolution politique. La révolution religieuse et la révolution politique sont sœurs l'une de l'autre, elles sont liées. Voltaire et Rousseau

sont les fils de Luther et de Calvin. Mirabeau et Robespierre ne sont que les applica-
tions des idées des ministres protestants et
des deux philosophes du dix-huitième siècle.
Qui ne sait combien Mirabeau a tonné contre
les prêtres et l'Eglise? Qui ne connaît le terrible discours de Robespierre contre le sacer-
doce? De Maistre a parfaitement étudié l'esprit anti-religieux de la révolution française ;
il lui a reconnu un caractère *satanique*.

L'on peut induire de là qu'en détruisant
l'autorité religieuse, l'on est sûr tôt ou tard
d'anéantir l'autorité politique ; l'on peut induire que la réforme religieuse portait dans
ses flancs les révolutions politiques qui ont
éclaté en Angleterre, en France et, de nos
jours, en Allemagne, en Italie.

Qui pourrait, d'un autre côté, méconnaî-
tre les rapports intimes que la révolution ac-
complie de nos jours en Allemagne a eus
avec l'*illuminisme* et avec les *théories panthéis-
tiques* de Spinoza, de Schelling, de Hegel,
etc.? Qui oserait contester la part d'influence
du voltairianisme contemporain contre la
vieille institution de la Papauté? Les tentati-
ves de MM. Michelet, Quinet, Genin, etc.,
à cet égard, nous ont valu, de la part de no-

tre savant compatriote M. Saisset, une réplique où brillent la force de la pensée et la
puissânce de la logique.

Une preuve décisive que, pour certains
hommes, le fait politique et le fait religieux
ne font qu'un, c'est le concours que les protestants de France ont donné, dans les dernières élections générales, aux Montagnards
et aux Socialistes. Pourquoi la fusion, pourquoi l'accord, pourquoi l'union d'hommes si
disparates, dans une circonstance aussi grave ?
C'est que pour les protestants il s'agissait
avant tout d'entraver l'expédition de Rome,
d'empêcher la restauration du Pape, et de
briser à jamais la chaire des successeurs de
Saint Pierre. Pour cela, le moyen politique
était de voir grossir, à l'Assemblée législative, le nombre des représentants qui voulaient donner à notre armée une mission fa-
vorable aux ennemis de la Papauté. De là,
la cause naturelle du grand nombre de Socialistes et du grand nombre de Montagnards que
nous voyons encore siéger à la chambre. La
plupart des protestants ayant fait cause commune avec eux, ont honoré leur liste de leurs
suffrages. Le fait est notoire ; il s'est accom-
pli dans les Cevennes, à Nimes et à Montpel-

lier; à Montpellier, où, chose fabuleuse, la *liste rouge* a obtenu 32,000 voix.

Aussi, quand j'entends dire autour de moi que M. Guizot n'est rentré en France que pour concilier les deux partis monarchistes, je n'en crois jamais rien, parce que M. Guizot est protestant, et que tous ses coreligionnaires, ennemis déclarés et implacables de la légitimité, s'opposeront toujours à un semblable rapprochement.

IV.

Je m'étais proposé de prouver dans cette Lettre que le principe d'autorité a joué un rôle immense dans le monde, et que l'esprit humain a été régi par lui dans les diverses phases de son développement. Le mal profond de notre société me paraît provenir de l'abandon ou de la négligence de ce principe ; en sorte que revenir à lui sincèrement, ce serait ramener à la fois les esprits et les cœurs à leur véritable statique.

En matière politique, le principe d'autorité nous a paru être une condition d'ordre et de prospérité pour le pays. Sans doute cette condition n'est pas la seule nécessaire, mais sans elle rien de bon n'est possible, rien d'efficace n'est durable ; tout se réduit à des ébauches, à des essais de gouvernements marqués au coin de l'impuissance. Depuis que la nation a voulu briser le pouvoir héréditaire, unique garantie d'une autorité politique forte et féconde, elle a été livrée en plein au génie révolutionnaire. Il n'est pas jour où la société ne soit menacée. Il semble que nous sommes sur un volcan. Le sol se dérobera-t-il sous nos pas ? De nouvelles éruptions auront-elles lieu ? Voilà des questions que chacun s'adresse et que personne ne peut résoudre, parce que le véritable pivot national, autour duquel toutes les forces du pays viendraient se grouper, n'existe plus.

Quand une nation est parvenue, à force de luttes, à conquérir ses droits ; quand elle peut par l'élection changer sa destinée et décider en quelque sorte du sort du pays, elle doit faire éclater sa sagesse et relever les éléments vivificateurs que les orages révolutionnaires ont abattus. Nous sommes encore à attendre cet acte de souveraineté nationale. Bien des fois la nation a été mise à l'épreuve. Jusqu'ici elle n'a fait que du provisoire. Quand donc fera-t-elle quelque chose de définitif ?

Nous l'avons déjà dit et nous le répétons,

une nation véritablement grande par ses souvenirs, une nation qui puise sa principale
force dans les traditions historiques, ne peut
se passer d'une autorité politique héréditaire.
Le jour même où cette autorité a été renver-
sée, la France est entrée dans sa fatale période de décadence.

Le principe d'autorité politique étant la
force vivante de la nation française, cette
force aurait une puissante efficacité pour toutes les autres forces du pays, elle les attirerait
inévitablement et se combinerait avec elles.

L'on a considéré comme chimériques l'alliance de l'esprit de liberté avec un pouvoir
héréditaire quelconque. Au contraire, cette
dernière forme de gouvernement est la seule
qui puisse promettre une liberté sage et durable. L'hérédité et la liberté ne s'excluent
pas ; leur association dérive d'une loi que la
nature offre continuellement à notre observation. Par exemple, l'individu naît, croit,
se développe et transmet à ses descendants le
pouvoir d'en faire autant. Il y a là à la fois
unité, hérédité et progrès. Or, les sociétés
sont comme les individus : elles naissent, se
développent peu à peu et se transmettent les
unes aux autres les richesses dont elles sont

en possession. Sous ce rapport, nous pouvons dire que la civilisation européenne est l'héritière des civilisations égyptienne, grecque et romaine. Ainsi, *unité*, *variété*, *progrès*, *perpétuité*, voilà quatre termes qui expriment une seule et même loi, ou mieux deux lois qui n'en font qu'une.

Quant à la liberté individuelle, elle n'est jamais absolue. Dans l'ordre physiologique, l'homme ne peut se développer sans le concours du milieu auquel il emprunte sans cesse, ni sans le concours de ses proches. Dans l'ordre moral et politique, il a aussi toujours besoin de la société qui le protège et lui assure la possession paisible de ses biens. Les lois seules limitent ici l'usage de sa liberté. Sans cette limite, la liberté prendrait le nom de licence, d'indépendance. Or, nous savons que la licence est un vice social et que l'indépendance n'existe pour personne ici-bas, tous les êtres étant liés et subordonnés les uns aux autres. Dieu seul est indépendant. Donc la liberté, au lieu d'être incompatible avec l'autorité héréditaire, trouve en elle un moyen de conservation. Châteaubriand l'a dit : « *La légitimité peut seule regarder en face la liberté.* »

L'autorité législative irait aussi se fondre naturellement dans l'autorité politique héréditaire, comme dans sa première source, par la raison que le juste ne va jamais contre le juste ; par la raison, dit Bossuet, *qu'il n'y a pas de droit contre le droit.*

Les rapports continuels qui ont existé entre l'autorité politique et l'autorité religieuse laissent assez deviner que ces deux forces sont inséparables. Les époques les plus glorieuses de notre histoire sont celles où la puissance de l'Eglise et la puissance de la Royauté ont su s'imposer réciproquement de sages limites. Clovis, Pépin et Charlemagne portèrent volontairement le joug de la foi sans préjudice pour leur couronne. Louis IX s'est immortalisé par sa piété ; cela n'a diminué en rien sa fermeté comme roi. L'histoire nous dit : « Jamais Saint Louis ne permit que la juridiction ecclésiastique empiétât sur la royauté, et il eut toujours grand soin de contenir la première dans de justes bornes. » La conduite de Saint Louis peut, en toute chose, être proposée pour modèle à tous les rois de la terre.

La littérature, les sciences et la philosophie, bien que régies par des principes respectifs d'autorité, ont été souvent pour la société des moyens de désagrégation. Ces divers éléments prennent facilement la livrée du philosophisme. Or, nous savons que l'action du philosophisme est toujours dissolvante. Cette action renverse tout, parce que le philosophisme ne croit rien, ne respecte rien. Il importe donc à la société de se prémunir contre de pareils résultats. Autant la véritable philosophie doit être tolérée, autant le philosophisme doit être réprimé.

Quand le philosophisme s'est imposé à la société moderne, la lutte existait entre le pouvoir religieux et le pouvoir politique. En s'immisçant dans ces querelles, le philosophisme ne s'est pas adjugé la plus mauvaise part : il a cherché à détruire l'un des contendants et à expulser l'autre. Perrin Dandin, dans la fable de l'huître et des plaideurs, ne procédait pas autrement.

Les malheurs qui ont éclaté et qui menacent d'éclater depuis l'intervention de ce philosophisme, prouvent assez que c'est là un mauvais conseiller, un mauvais directeur. Nos efforts doivent tendre, par conséquent, à lui arracher le gouvernail dont il s'est emparé de vive force. Puisque nos maux viennent des fausses doctrines, des mauvais systèmes, appliquons-nous à les extirper par tous les moyens légitimes que Dieu a mis à notre disposition. Cela nous conduit à conclure que toutes les forces nationales doivent concourir au bien général. Leur action isolée ne peut rien ; leur action combinée peut tout. Mais comme pour une communauté d'efforts il faut un centre d'impulsion, nous croyons que c'est au principe d'autorité politique héréditaire de mettre en branle les autres forces nationales et de les diriger.

Je termine ici, Monsieur le Rédacteur, mes quelques considérations sur l'autorité en matière politique. Vous savez qu'un grand écrivain, un habile homme d'Etat, M. Guizot, a dérivé tout le mal de notre époque de l'*idolâtrie démocratique*. M. Guizot est protestant et révolutionnaire ; je ne suis pas surpris alors qu'il se soit arrêté à une simple passion humaine. Mais nous, hommes de foi, hommes de principe, nous remontons plus haut et nous trouvons que nos maux proviennent d'une autre source. Vous aurez à décider, Monsieur, qui a tort ou raison de l'ancien ministre de Louis-Philippe ou du jeune publiciste qui débute à peine dans la carrière.